Janvier Antonio Muhindo Miregho

LE SPLEEN

Janvier Antonio Muhindo Miregho

LE SPLEEN

Éditions Muse

Imprint
Any brand names and product names mentioned in this book are subject to trademark, brand or patent protection and are trademarks or registered trademarks of their respective holders. The use of brand names, product names, common names, trade names, product descriptions etc. even without a particular marking in this work is in no way to be construed to mean that such names may be regarded as unrestricted in respect of trademark and brand protection legislation and could thus be used by anyone.

Cover image: www.ingimage.com

Publisher:
Éditions Muse
is a trademark of
Dodo Books Indian Ocean Ltd. and OmniScriptum S.R.L Publishing group
Str. Armeneasca 28/1, office 1, Chisinau-2012, Republic of Moldova, Europe
Printed at: see last page
ISBN: 978-620-4-96045-6

PREFACE

PARLER DE VIVE VOIX

Janvier Miregho présente dans ce livre des poèmes qui, à leur manière, expriment des expériences humaines fondamentales. Il est inutile de répéter ce qui y est déjà bien artistiquement dit. D'ailleurs il me manquerait de tacts adéquats pour le faire – je ne suis pas un artiste. Je voudrais souligner quelques aspects de cette excellente œuvre remise entre les mains des lectrices et lecteurs.

Le lieu d'où émerge la parole dite dans ce recueil est le trouble. Ce trouble est en fin de compte un désir profondément humain : le désir du bonheur. Ce recueil se donne comme l'expression de l'aspiration du poète et de ses frères et sœurs humains à la vie heureuse. Celle-ci aurait notamment pour prolégomènes le respect de la vie, la paix véritable et l'ouverture des possibles pour tous les humains, de manière particulière ceux de Beni, de la République Démocratique du Congo et de l'Afrique.

L'œuvre de Janvier Miregho pose un acte qu'on qualifierait de prophétique. Tout en gardant son ancrage dans le quotidien d'une vie rude, elle ouvre des voies de sortie et indique des directions qui pointent vers une vie autre. En d'autres mots, elle refuse la soumission à la facticité d'une vie insignifiante et engage sur des chemins qui mènent vers une terre promise atteignable. À travers ce geste, l'espérance – que peut s'approprier tout un peuple – se laisse entrevoir autant comme pertinente qu'envisageable.

Il convient de féliciter le poète Janvier Miregho pour son talent artistique déjà reconnu par ses pairs et ses auditoires. Il convient également de le remercier pour le don généreux de ce bijou, fruit de maints efforts, du travail rigoureux et du plaisir de donner la vitalité aux mots. Toute personne qui lira ce recueil y entendra la voix des expériences humaines se dire de vive voix. Toute personne qui déclamera l'un ou l'autre poème trouvera sa voix accordée à celle du recueil de sorte qu'ensemble elles diront de vive voix le refus de la misère sous toutes ses formes, le désir d'une vie bonne et la promesse d'un avenir différent.

Père **Pacifique KAMBALE TSONGO aa**, missionnaire au Canada

DEDICACE

Je dédie mon premier recueil à tous ceux qui s'engagent, par la parole de sagesse, l'art, le dialogue, la charité et la convivialité, pour la promotion de la paix durable et l'harmonie sereine entre les hommes et les sociétés en crise sécuritaire, que la paix du seigneur soit toujours avec vous. Je vous dédie ces poèmes fruits de mon inspiration et la participation des poètes de tous les coins qui sont en commun accord avec nous peuple massacré.

Je le dédie aussi à mes parents Kavira Sivahitira Edwige et Kambale Kamala Jacques, à mes sœurs Charmante Miregho et Anuarite Miregho, à mes amis et collègues Jonathan wa Kahongya, Alice Basukira, Sylvie Mwira, Sœur Gloire kavugho, aux pères Assomptionnistes Emmanuel Ngalyavuhira, Tasi Augustin, et aux religieux de l'Assomption, aux poètes de la Plume d'or et à toutes les victimes de la méchanceté humaine.

Enfin, je dédie ce recueil des poèmes à toutes les personnes qui soutiennent la poésie antonienne.

1ère partie

L'EMPIRE DES LARMES

(Les larmes ont un son comme celui des armes)

1. LE SPLEEN

Le monde est dominé par le fracas des cieux ;
Sa splendeur est trahie par les hommes vicieux.

J'ai le spleen compliqué de la mélancolie.
Je vis là où la mort domine l'air, l'azur.
Là où on ne veut plus écouter le mot vie.
Les fantômes y sont pour briser le futur.

La vie de ma contrée étincelle dans l'ombre,
Ses chemins sont déserts, ses divers horizons,
S'arrêtent dans le noir, où le soleil est sombre.
Les larmes exhumées engouffrent ses raisons.

L'haleine de la nuit devenu amertume.
Cette contrée palpite on la brise parfois,
En versant sur son sol un feu qui la consume.
Beni est dans l'obscur sa chaumière est sans voix.

La tristesse absolue couvre mon existence.
Suis-je encore vivant ou mourant ô mon Dieu,
Pourquoi rester en vie, en grandissant sans chance ;
La légende sans nom annulée dans ce lieu.

On vit en étant mort, expirant sur la rive
On dirait, en voyant ce peuple sans échos
Dans la complicité du mal qui lui arrive.
Il est l'unique auteur, victime sans repos.

Mon âme est fatiguée, je n'aime plus la vie,
Pour que j'aie un repos, je préfère mourir
Car je suis fatigué d'Etre sans harmonie,
Je vais dans l'océan où tout va s'engloutir.

Le monde est assoupi sous un pouvoir mythique,
Prométhée, Héraclès, Cronos, et tous les dieux ;

Saturne et Jupiter nous laissent l'air magique.
On ne résiste plus car tous on a peur d'eux.

Le monde est dominé par le fracas des cieux,
Sa splendeur est trahie par les hommes vicieux.

Butembo, le 27 novembre 2021 à 23h27

2. MELANCOLIE ABSOLUE

Le pacte entre eux et nous, nègres, n'est pas la mort.
Ni l'ardeur d'engendrer l'horrible maltraitance.
Quand ils changent nos mœurs, nous subissons le sort
Nous restons à genoux, outragés sans conscience.

Pourquoi vous nous tuez en versant notre sang.
Sur le sol de Beni le sang humain ruisselle ;
L'homme est devenu loup ; on croit qu'il fait semblant
En apportant le don dans cette aire éternelle,

Qui subit tant de maux devant nos humbles yeux.
Qui nous viendra en aide ô Dieu tous sont complices.
Vers où devons-nous fuir ? Dieu ouvre-nous les cieux.
Nous voulons échapper aux filets des milices.

Le sais-tu ciel de paix qu'on nous tue sans remords.
Depuis dix ans on souffre on boit la coupe amère,
Au lever de soleil on voit au sol les corps,
Des hommes massacrés ; ô force tutélaire,

Pourquoi nous délaisser, en jonchant le chemin ?
La vie n'a plus de prix à Beni tout est sombre.
Les monstruosités brisent notre destin.
Nous laissant un soleil dominé par une ombre.

Si le ciel était rose ! Arrosé par la paix !
Nous pouvions vivre heureux, ayant une seule âme.

Si on était uni entre nous Congolais !

Nous serions dans la paix, non gésir sous la flamme.

3. LE SON DES LARMES

La fée luxe se tait comme une urne écumante ;
Quand les ombres, les maux envahissent la nuit.
Le fracas pire horrible et la vague fumante ;
Abusent tous les jours, quand elle est dans son lit.

Comme un navire en feu qui sombre dans le fleuve ;
Tel est oiseau qui vole en ignorant son nid.
Voilà les Congolais subissent cette épreuve ;
Des criminalités s'observent aujourd'hui.

Si l'on voulait aimer voyager dans le monde ;
Pour être un monument vivant avec succès,
Afin de respirer seconde après seconde…
Pour retirer un jour l'épée de Damoclès ;

On devait de libérer ce peuple qui s'engouffre,
Dans l'abîme infernal, suspendu sur les flots.
Je ne peux pas me taire alors qu'ici on souffre.
Mes larmes ont un son comme celui des mots.

Comment rester ainsi quand notre armée recule,
Devant les ennemis visibles par nous tous ;
Comment rester sans dire… où l'ennemi circule ?
En dénonçant cela on me laisse à genoux.

Dans cet état obscur où l'on vit sans lumière.
Au coucher du soleil, tristement nous dormons ;

Un hasard nous surprend quand on revoit la terre ;
Nous dormons comme ailleurs où on pense aux démons.

Mieux vaut vivre en enfer où mourir est un risque,
Où l'on meurt une fois, et, pour l'éternité
On respire le sort ; mais ici on me bisque
Par les funèbres chants de la calamité.

Toi dont ma poésie ignore ta vraie vie
Ecoute-nous oh viens vite à notre secours ;
Nous avons tous le droit de vivre en harmonie ;
Hector est ton idole ! Un faible pour toujours.

Le Congo maintenant règne dans les ténèbres.
Le mal est son autel, et le crime son corps
Et il n'a comme l'œil de railleries funèbres ;
Mourir aux flancs des maux, il pleure tous les morts,

Tués ce dernier dans ce lourd génocide ;
Victime dans son aire, à la voix des torrents,
Il fuit sans destinée comme il est dans le vide
On n'est surpris de voir le glaive des tyrans.

4. PANDEMONIUM ?

Si le Congo était un royaume infernal,
Je pouvais accepter : vivre la tragédie.
Si la perte des miens, à l'état colonial,
M'avait brisé le cœur, en dominant ma vie,

Je serais aujourd'hui habitant du cosmos,
De paix, d'amour, d'espoir, de bonheur et de joie.
Mais aujourd'hui je suis dominé par Cronos,
Il est pour moi un loup, et moi je suis sa proie.

Congo ta destinée s'arrête à l'horizon.
Je peux mieux te nommer Empire des ténèbres
Où le mal a sa place et brise la raison.
Où on voit tous les jours, le sort des pleurs funèbres.

Hier épidémie, kidnapping, banditisme,
Aujourd'hui ô mon Dieu, c'est le pire calvaire,
Des criminalités, des mœurs d'apolitisme.
Où vas-tu ô Congo ? Congo vends-tu ta terre ?

Depuis deux décennies, tu vis comme en enfer.
Vois, tu te crées toi-même un lieu suppressible ;
Fort malheureusement dominé par l'hiver.
Tous les pays du sud, sauf toi le divisible,

Savent se déménés, pour promouvoir la paix.
Je pense tous les jours aux âmes affligées.

Et ces pleurs pétrifiés ne finiront jamais.
Au jour le jour Congo, mes larmes sont figées.

Je regarde la vie d'hier et d'aujourd'hui…
Le monde entier se tait et nous laisse les heures
De pleurer tous les jours ; comme on est chez autrui,
On te laisse ô Congo jusqu'à ce que tu meures.

5. LES MYSTERIEUSES LARMES

Je suis né sur le pôle où l'axe imaginaire,
Rencontre l'oppression, et personne ne sait,
La source de ces maux durs qui vexent mon aire.
Où le verbe aimer demeure à l'imparfait.

Je sais que près de vous, président se repose
Un secret présidant aux cultes de la mort.
Tu violes notre loi pendant ce temps morose.
Quand tu finis tes tracs, nous, on subit le sort.

Tu deviens aujourd'hui grand voyageur au monde.
Et devant tes bourreaux tu passes tout ton temps.
Ton pays est un lieu où l'amertume abonde.
Tu contribues aux viols créés depuis longtemps.

Tu dis que l'occident est acteur de ces larmes,
Qui coulent nuit et jour sur le sol innocent !
Les larmes ont un son comme celui des armes.
Ce son peut éclater, pour sauver le vivant.

Avant de me tuer je transcris mon histoire.
Je sais qu'après ce livre on ira m'enterré.
Je mourrai innocent, ayant fini ma Gloire,
Dans cet infernal toit de l'insécurité.

Je maudis ton projet d'asphaltage des routes,
Car tu veux introduire ici tes gens vicieux.

C’est ma larme qui parle, est-ce que tu m’écoutes.
Je te pointe le doigt flatteur mystérieux.

Je ne résiste plus à tout ce qui m’arrive !
Veux-tu me lapider homme de rive en rive ?
Pour moi mieux vaut avec un grand honneur ;
Que de rester vivant sans dénoncer l’erreur.
××××
Hélas laissez les pleurs coulés de ma paupière ;
Laissez-moi, laissez-moi, puisque vous ignorez…
Vous brimez l’homme noir, dissipant sa lumière.
Soleil ! Azur ! Zéphyr ! Les noirs sont-ils aimés ?

Tentes du ciel, Edens gardez-vous notre place ?
Vous êtes le séjour d’innocence et de paix.
Durant ce temps vicieux, accordez-nous la grâce ;
Car les âmes perdues ne reviendront jamais.

Les cœurs de tous les noirs portent une zébrure,
Chacun l’a dès le sein… toujours prête à s’ouvrir.
Notre gémissement se perd dans la nature.
Nous préférons le sort de souffrir que mourir.

Rassoul criez plus haut, chercher notre harmonie.
Nous voulons écouter un écho du muezzin.
Terre désespérée, terre d’idolâtrie,
Tu conduis les humains vers un malheur lointain.

Shiva, Krishna et vous les génies tutélaires.

Daïmio, Apollon, Eurydice, Phébus,
Jupiter, Sikhs ? Rama, Kali, dans vos colères
Auriez-vous le pouvoir de vaincre ce virus ?

Vulcain, Merlin et Zeus, Eloa, esculape.
Pouvoir de la Trebbia et du grand monstre sphinx ;
Vous êtes malheureux, le phénix vous échappe ;
Vous êtes limités dans le rang du fou lynx…

Si Dieu nous a tiré tous de la même fange,
Pourquoi nous-battons-nous devant la vérité ?
Dieu nous a tous tiré dans une argile étrange,
Nous avons un seul bien qui est la vérité.

Adieu massacre adieu, nous nous cherchons la cime.
Ebola, kidnapping, partez, quittez chez nous.
Toi corona virus ta place est dans l'abime ;
La paix est de bientôt, bientôt c'est la clarté.

Butembo, le 20 avril 2020 à 23h

6. LES LARMES D'UN ORPHELIN

Comme au creux d'un rocher vole l'humble colombe ;
Cherchant la goutte d'eau qui tombe après la nuit.
Mon esprit altéré, dans l'ombre de la tombe
Veut avoir un peu d'eau pour revivre aujourd'hui.

Vivre, manger, jouer, sont pour moi un grand rêve.
Je sillonne la ville en cherchant le déchet,
Les poubelles jetées. Même le rat en grève,
Se moque de ma vie, car lui est au sommet…

Je soutiens aujourd'hui cette phrase suprême ;
« Nul ne se connaît bien tant qu'il n'a pas souffert. »
Après avoir souffert, je transcris mon poème.
Orphelin que je suis, pauvre oiseau du désert.

Ma vie est sans flambeau, depuis qu'ici ruisselle ;
Le sang des innocents que je vois devant moi ;
Mes larmes nuit et jour coulent dans ma parcelle.
Avec ce crime amer veux-tu que j'aie la foi…

Oui Dieu tu es au ciel ! Descends plutôt sur terre,
Pour punir ces malfrats qui nous tuent sans remords.
Mes frères sont tous mort, par cette horrible guerre
Sur les eaux de Lindi j'ai vu flottés leurs corps.

Je suis un orphelin de père et de la mère ;
Je n'ai jamais vécu au Congo dans la paix.

Ma vie est définie comme armoire en misère.

Mes frères, mes parents ne reviendront jamais !

Je pouvais vivre heureux en ayant un génie ;

Mais je vis sans appui sans cœur et sans bonheur ;

Je demande a mon dieu de m'arracher la vie.

Je préfère mourir que de voir ce malheur.

Pourquoi rester vivant sans avoir ce qu'on aime ?

Pourquoi vivre orphelin, pourquoi ô dieu je vis.

Mes parents sont là-bas libres…O Dieu je t'aime ;

Mais tu m'as arraché les êtres, les esprits,

Qui veillaient sur leur fils. Reprends mon oxygène ;

Car je n'ai plus le goût d'être appelé vivant.

Brûle-moi par ton feu ; étouffe mon haleine,

Pour que je disparaisse aussi comme un mourant !

Pourquoi mon Dieu, pourquoi on a tué ma mère ?

Mon père ne fait rien dans l'Eden où il est,

Mes frères eux aussi sont-ils dans ta lumière ?

Arrache-moi la vie et jette-moi à l'est,

Où je serai heureux, sans vivre le massacre.

Jusques à quand ma vie redeviendra la mort ?

Serai-je pour l'enfer un disciple ou un diacre ?

Mieux vaut vivre au-delà, sans maladie, sans sort…

Butembo, le 12août2020 à 12h 57'

7. LES SANGLOTS

Quand l'hiver deviendra maussade ;
Quand le soleil consumera…
On se demandera : il y a
Un esprit qui reste nomade

Dans le zéphyr en promenade.
Je verrai mon cœur qui mourra.
Les gens diront « son corps s'en va ! »
Il a trop subit la brimade.

Le ciel restera ouvert
Pour cette âme qui a souffert
Dans le noir, dans la jérémiade…

Et sur les pentes le néant
Fait place à la fanfaronnade…
Les gens diront qu'il est mourant.

Sonnet pelletier

8. TRISTEZA

Tout ce que moi je sais et ce que j'imagine,
Pèsent sur mon portrait, ma personnalité.
La tristesse pour moi est ce qui me devine.
Et la mélancolie voile ma vérité.

Je sais que je suis seul qui subit le désastre.
Le soleil de mon cœur pâlit avant le jour.
Il me laisse dans l'ombre en me prenant mon astre.
J'ai écrit tant de fois, en chantant pour l'amour.

L'amour meurt, tout s'en fuit, tout passe, tout s'efface.
Vers un destin lointain, la romance est sans prix.
Le rendez-vous d'amour, seul malgré mon effroi,
Doit-être supprimé pour les petits esprits.

Je te salue "AMOUR" et je salue la muse,
Je salue le poète à qui je dois honneur ;
Adorateur des fleurs, lis de la cornemuse.
La rancune est en moi, la colère et l'horreur.

Que de perdre le temps en adorant les roses,
Battons-nous pour la paix la convivialité ;
Si je suis à conflit contre vous ; sont les causes
Multiples des humains … donc je dois m'exprimer.

Un jour vous comprendrez que veine est votre plume,
Quand le tour du soleil, atteindra votre coin.

Avec vous, suis content quand le soleil s'allume.
Pour dénoncer les maux, que vous jetez bien loin.

C'est l'heure des adieux, de laisser les sylphides,
Les reines, les amours, les roses, les beautés.
Désorientons-nous de ces chemins perfides.
Nous sommes les rayons dans les cieux rejetés.

9. LETTRE CLACHIQUE

Pour être député, on doit ouvrir sa bouche,
Pour croquer la patrie et sa constitution.
Pour être président on doit mûrir sa touche ;
Pour voyager sans cesse et vendre sa raison.

Congo terre inconnue, capitale infernale,
Pourquoi toujours chez toi, on vit en anxiété ?
On vit étant mourant. Ton aire est marginale.
Tu n'es plus où Tu es ? Longtemps j'en ai douté.

C'est la démocratie ? Ou l'aristocratie ?
Ce qu'on voit à Beni, personne n'a un mot ;
Pour dénoncer ces gens qui arrache la vie,
Aux hommes innocents ; mais toi, tu restes sot.

Sommes-nous en enfer, au ciel ou sur la terre ?
Sommes-nous chez autrui pour pleurer tous les jours ?
Pourquoi dans mon pays nous vivons le calvaire ?
Tuer les innocents c'est chanter pour toujours.

A côté du massacre un lugubre silence,
S'observe du côté de nos autorités ;
On subit sans pitié l'horrible maltraitance,
Alors que derrière eux, on voit des vérités.

Butembo, le 18novembre 2021 à 23h horrible insomnie

10. ETAT DE SIEGE

Comme l'état de siège
A dominé chez nous,
Il nous met à genoux
Horrible état de piège,

Dominé par la neige.
Le peuple est à courroux
Car il n'a plus les gouts
De cet état de chaise.

Chef d'état, chef de temps
On veut vivre longtemps.
Mais toi tu veux qu'on meure

Avant l'âge prévu…
Car à Beni on pleure.
L'amour est disparu.

Butembo, le 25 avril 2022

11. HASTA LA VISTA

Un jour je partirai je quitterai la terre.
Je partirai sans dire au revoir à mes vers.
J'irai dans un endroit qu'on pense imaginaire.
Je sais que cet asile est loin de l'univers.

Quand j'entendrai gémir les oiseux qui m'accueillent ;
Seul je serai debout pour attendre ma mort.
Quand je verrai venir ces gens qui me réveillent !
Je dirai ce mon temps de subir ce lourd sort.

Je laisserai mes mots, envahir la planète.
Mes maximes seront les vertus des humains.
J'entrerai dans ces cieux, comme un brave poète ;
J'irai voir de mes yeux, ces si glorieux festins…

Tu resteras Maman, oh ! Dans la pire peine.
L'absence de ton fils ô brisera ton cœur.
Ce deuil aura le sort d'étouffer ton haleine
En voyant ton bonheur effacer son honneur.

Triste sera ton âme ; une âme pure humaine ;
Je partirai maman sans te dire au revoir
Je prendrai mon envol, muet, sans oxygène.
Je vivrai ce moment malsain de désespoir.

12. LA METAMPSYCOSE

Sous ce vent impétueux qui dominait l'enfer ;
Où je me suis plongé dans ma vision profonde
Dans un lieu ténébreux où le vent de l'éther
M'apportait le désir de vivre dans ce monde.

Je disais en mon cœur, qui montera au ciel?
Qui descendra aussi dans la noire géhenne ?
Mon esprit innocent demeurait immortel
Mais Hercule est venu, m'affermant une chaine ;

Il m'a pris par la main, me jetant dans le noir :
J'ai vu de loin le feu de l'enfer qui domine.
Le monstre m'attendait avec un grand pouvoir
J'y suis tombé...Zeus brusquement me dessine...

Arrivant en ce lieu mon cœur était troublé
En voyant leur patron entouré par des anges.
Fidèles à leur patron fier de sa dignité ;
Tous chantaient en dansant au rythme des louanges.

Une heure suffisait pour que je sois mourant.
On y était à trois : nous les pauvres victimes,
Dôksa, Héli et moi devant un feu enfant
Qui voulait que nous trois nous subissions les crimes ...

Après cette minute, un à un nous passions.
Mes deux proches étaient tuées à la machette.

Le sang des innocents en ce lieu on l'achète...
Arrivant à mon tour : tous criaient « nous mourons » ...

Je voulais me sauver, sans voir ma destinée,
Car ils étaient partis adorés Jupiter.
M'approchant du chemin j'ai vu la grande épée
Qui voulait m'ôter vie, Qui voulait m'ôter l'air.

Qui tenait cette épée ? J'y voyais la fumée.
Et dans cette fumée, j'entendais une voix
C'est quand tout faisait noir dans la belle soirée ;
La voix disait : « Dôksa tu dois revoir ton choix »

En voulant m'arracher le pouvoir de mon âme ;
Cet inconnu a vu deux anneaux sur ma main ;
La réincarnation m'est venue comme flamme ;
Ouranos m'a jeté eh bien vers mon destin.

Il m'a jeté très loin. Sur la terre inconnue
Après quelque moment j'ai retrouvé la vue
Je me suis retrouvé dans le monde où je vis.
C'était la déception de ces pauvres esprits...

Tout ce qui sortira de la bouche d'un homme,
Pour te solliciter de servir d'autres dieux ;
Rejette son idée qui change le royaume
De Dieu le créateur le Seigneur de nos cieux.

Ne nous promenons pas sans outils de bataille,
Car Satan est partout cherchant qui dévorer.
Combattons Jupiter écroulons ces murailles
Enfin le monde entier vivra dans l'unité.

13. REVE INFERNAL

J'ai rêvé un cosmos de haine et de mépris ;
Où le sang des humains au jour le jour ruisselle.
Ce monde est dominé par les larmes ; les cris
Des innocents perdus, dans une ombre éternelle.

La nuit comme le jour, il y a l'obscurité.
Tout gémit sans arrêt sous des roches profondes ;
Ce monde est vicieux, déchiré, divisé.
L'air emporte sans fin l'écume de ses ondes ;

Ce monde que je rêve appartient à l'enfer.
La vie y est sans prix, la mort est bien parfaite
Que de songer aux beaux, on offre à Lucifer
Les plaisirs et l'orgueil. Chaque jour il y a fête,

Pour honorer leurs dieux, Zeus, Orphée, apollon.
Ces êtres sont pour eux le pouvoir qui domine
Le monde et tous ces biens. N'auront-ils pas raison
Le jour du jugement ? C'est ce que j'imagine !

Le petit du phénix s'abreuve dans le stix.
Le phénix le domine en voyageant sans cesse.
J'y ai compté trois lynx alors qu'il y en avait dix,
Qui battaient le tambour, comme on faisait à Grèce,

Sur le mont Parnasse en accueillant les dieux,
Protecteurs du pays. Ils voguaient en silence,

Devant Hygie, et tous ceux qui étaient furieux,
Devaient finir l'année, en respectant la dance.

Les génies belliqueux gardaient un air joyeux,
Pour renforcer la troupe afin que tout le monde,
Prépare le combat, pour sortir victorieux,
Devant les petits corps ; dans une mer profonde,

Où l'on combat toujours pour briser les esprits
Des faibles, pauvres gens qui vivent sans essence.
La guerre est pour eux l'art, de vaincre les partis,
Qui s'opposent aux dieux. L'horrible maltraitance

Dominait la cité. Le soleil n'y est plus,
Les ténèbres là-bas éclairaient une église
Où l'on tue sans remords ; La vie des inconnus…
La vengeance en ce lieu demeure la devise.

Quand je revois ce lieu, en voyant le Congo,
Noyé dans la nuit, dominé par la guerre.
C'était cette patrie ! Oui je n'ai point de mot,
Pour confirmer cela. Mais c'était le calvaire.

Butembo, le 17novembre 2021 à 22h20

14. A NOS MARTYRS

Comme l'or jeté loin dans un noir firmament.
Nous sommes sans flambeau, notre vie est flexible.
Notre vie est sans prix sous le ciel, mais la Bible
Garde la récompense et tout être vivant

Sa couronne est gardée tout près de son Seigneur,
Ayant vécu la gloire et la persévérance,
Nos martyrs qui sont morts vivent dans l'opulence.
Qui lui donne la force ainsi que le bonheur.

Heureux dans ces travaux, riche d'un monde frêle,
Quand on y sort gagnant, valeureux ou fidèle ;
On participera au salut de la croix.

Adonaï Élohim, préserve du martyre,
Il donne à tout humain la liberté de choix,
Pour choisir le bonheur ou la gloire éphémère.

15. LE CRI D'UN ENSEIGNANT

La science sans conscience est la ruine de l'âme,
Quand le pauvre enseignant veut vendre sa raison
Pour le bien du pays, nous restons dans la flemme
En ignorant ses droits. Dans notre conception

Nous pensons que sa vie est bien dans l'opulence ;
Nous oublions souvent qu'il reçoit de l'état
Un très maigre salaire en plus la maltraitance,
Domine dans son air surtout en ce mandat.

Le pauvre enseignant sans revenu convenable,
Il est toujours présent pour encadrer les siens.
Son talent, son savoir et son travail payable
Garantissent ; oh pays sans moyens !

L'enseignant sans soulier va toujours à l'école.
Ce qui me choque aussi est qu'il est maltraité,
Outragé par les maux même par sa parole
Personne ne l'écoute ; il vit en anxiété.

Comment nous sentons-nous à l'école ou en classe
Avec un enseignant qui travaille toujours
Sans salaire et sans prime, et qui n'à point de place
Pour vivre en société où il meurt tous les jours.

Quand on le voit dehors, on voit bien son squelette.
Nous le considérons comme un pauvre mourant.

Son salaire anodin vient peser sur sa tête.
Nul ne vient pour l'aider pendant l'enseignement.

L'ouvrier de la craie oh sa peine est horrible.
Or nous parlons souvent de l'amour du prochain.
Je me demande seul : le coran et la bible
Prêchent-ils les vertus qui brûlent le destin ?

Notre temps est celui où rien n'est plus peut-être
Même le plus souffrant offre à Dieu son présent.
En notre temps on voit l'avoir pesé sur l'être.
Pour réclamer son droit on meurt atrocement.

Monsieur le président le peuple vous convoque ;
Dénonçant ces erreurs dans vos gouvernements.
Oui tous nous nous devons un respect réciproque,
Veuillez chasser ces gens qui ne sont qu'insouciants.

Butembo, le 23 avril 2022 à 23h39

16. JESUS PLEURA SUR JERUSALEM

Le monde est vers sa fin,
Le monde est à son terme,
Faisons tous un chemin
De la croix pour qu'on ferme

Les portes de Satan,
Car la vie recommence.
Que tout être vivant
Entre dans la mouvance.

« Voici que nous montons
A Jérusalem, ville
Où nous observerons
Le milieu servile.

Le fils d'homme sera
Livré au grand palabre
Et on le traitera
Comme un veuf qui se cabre

Sur son état d'esprit.
Sa vie existentielle
Finira dans la nuit
Pour la vie éternelle.

A trois heures du jour
Le lieu sera en ombre

Pour montrer que l’amour
Etincelle sans nombre.

Le saint de saints sera
Déchiré en église,
Et la victime aura
La force et la devise.

Sainte Jérusalem
Toi qui tues les prophètes.
Le sang de tes anciens
Coulera sur tes têtes.

Et quand le fils mourra
Sur le bois du supplice
Pour accomplir la loi
Pour être un sacrifice…

Et tous crieront tout haut :
C’est bien lui le messie
Qui n’est pas venu tôt
Pour sauver notre vie …

Butembo, le27 mars 2022

17. MA PLUME

Comme ma vraie douleur
Est dans mon écriture,
Je changerai mon cœur
Au nom de la nature,

Comme un petit désert,
Ombrageux sans rature ;
Car j'ai longtemps souffert
Pour être créature.

Puisque j'écris les vers,
Je gis dans la peine ombre
Où l'univers pervers
Cache son miroir sombre.

J'écris puisque je suis.
Je suis puisque j'existe :
Je marche quand je gis,
Quand je gis, je suis triste.

En écrivant je sens
La douleur de la plume.
Quand je change le sens
Mon étoile s'allume.

Butembo, le28 mars 2022

18. LA FIN DE SATAN

Je me sers d'intuition pour décrire une escrime,
Illustre sans espoir ; que j'ai vue de mes yeux.
Presque tous les démons ont subi ; c'est un crime
Que Dieu a imposé devant les dieux vicieux.

Tous les démons malsains ont perdu cent batailles.
Chantons, dansons, crions à la voix du stentor ;
Un feu tomba du ciel écroulant ses murailles,
Orphée crut avoir tort, Polyphème est en sort.

Le combat commença depuis belle lurette.
Après qu'il renvoya tous les anges déchus,
Dieu voulait que l'humain domine au cœur de faîte.
Il lui confia la terre, et les aïeux déçus,

Par un cheval de bois (serpent furieux et sombre).
Dans le jardin d'Eden nommé clé du malheur ;
Où Adam et son Ève étaient bercés dans l'ombre ;
Après leur sort monstrueux, ont créé la terreur.

Le diable combattait pour surpasser son maitre.
Il a dominé l'homme et toute son ardeur.
Il créa de mission pour qu'il puisse renaitre
Dans des cultes rendus peut-être à son honneur.

Il souffle au taoïsme, aux athées ... à Ulysse,
Aux grands loups aux grands lions monstrueux et furieux ;

Pour diviser le monde et prendre en sacrifice
La puissance infinie de l'homme valeureux.

Je vous redis ce qui s'est passé au Parnasse
Hier ou avant-hier ; mais de mes propres yeux,
J'ai assisté à ce spectacle face à face
Que Hector a perdu devant le Dieu de dieux ...

Plus de soir plus de noir, brisons les erreurs graves ;
La victoire est chez nous ; la gloire s'est fait voir.
Quittons dans la misère horrible des esclaves ;
Nous formons tous un peuple avec un seul espoir.

Yira, hutu, budu nous n'avons qu'un seul père,
Chassons la division, recréons tous l'amour,
Sans un éclat fâché luttons sauvons la terre.
Rhapsodes sont tous morts, avant la fin du jour.

Ayant été vaincus le diable et son cortège ;
Songeons au meilleur choix aux plus nobles désirs
Laissons aux gens grossiers qui préfèrent le siège
En toute volonté ; élever leurs plaisirs.

Que le seigneur d'amour épanche dans nos vies
Les doux moments d'amour les doux attachements.
Loin d'être dans les maux mais proches des envies
Qui mènent vers l'Eden de Dieu et ses enfants.

Le ciel que nous croyons est riche en personnage ;

Vous vous claquemurez aux choses d'ici-bas.
Clandestin, insoucieux, quittez votre ménage ;
Le sinistre Ugolin veut arrêter vos pas.

Satan est détenu avec son armée.
Argus voulait juger bonne sa destinée.
Et Thémis prétendait qu'à tort et à travers
« On ne saurait manquer, condamner un pervers ».

Gardez vos lampes prêtes
Mettez-vous à genoux
A L'heure où les trompettes
Sonnerons pour l'époux...

Butembo, le 1er octobre 2020 à 23h47

19. CONFINNEMENT

Confinement, le sort
Que tu donnes au monde,
Nous amène à la mort,
Après chaque seconde.

Tu rends fous les humains,
En brisant leurs programmes.
Tu bloques leurs chemins,
Comme on joue dans les drames.

Tu rends sage les maux,
Tu voles l'air de gloire.
Je parle tous mes mots,
Pour bruler ton histoire.

Tu as trompé les uns,
En volant leur richesse,
Avecque tes parfums
De stress et de faiblesse.

Confinement tu as
Brisé ma petite âme.
O ! Tu ne serais pas,
Pour l'homme et pour la femme,

Un crime corporel
Sans choix, sans destinée.

Tu fermes notre ciel,
La nuit et la journée.

Sylvie est enfermée,
Aujourd'hui sans motif.
Sa gloire est dominée,
Par l'air sans objectif.

Butembo, le 25 septembre 2021 à 23h

20. SOYONS UNIS

Frères soyons unis cherchons la vie future,
Soyons sûr de nous-mêmes et ayons le désir ;
De travailler comme un dans la volonté pure ;
Afin que l'avenir revienne au doux zéphyr.

Ceci est écrit dans les saintes écritures ;
Que tout ce qui est en Jésus sort de l'obscur
Il ne nous traite pas selon nos aventures
Mais il nous couvre avec la beauté de l'azur

Frères soyons unis car bientôt vient écrire
Le droit des humiliés sur notre ciel palais ;
Nous verrons un tableau où chacun pourra lire,
La liesse de demain, pour nous les Congolais.

Soyons unis amis et prenons la mesure
D'oublier les passés afin de mieux servir ;
Ce peuple innocent qui se perd dans la nature
Aidons-le en amour pour un bon avenir.

Chassons la division, prenons l'autre navire
Fuyons la trahison pour la paix sans déclin ;
La demeure est déjà dans le nouvel empire
Pour que la vérité nous ouvre son chemin.

Butembo, le23 janvier 2019

21. PAROLES DE SYLVIE

Aujourd'hui le soleil,
S'est levé avant l'aube ;
Pour dire au grand sommeil
De se couvrir sa robe.

Quand l'aube vient avant
Les rayons de lumière,
On est heureux pourtant
On demeure au calvaire.

On sourit tous les jours
Pour cacher nos blessures,
Qui rendent pour toujours,
Notre vie en ratures.

On dit que l'ennemi
Se cache dans les hommes.
Alors que notre esprit
Traduit ce que nous sommes.

Je confirme que tous
On est dans la caverne ;
On adore à genoux,
Le mal qui nous gouverne.

On trahit lâchement,
Ce que dit notre bouche ;

En aimant calmement,
Quand le soleil se couche…

Le monde est un cerveau,
Où l'ombre se repose ;
Et ce cerveau moins beau,
Rend notre vie morose.

Butembo, le 25septembre 2021

2ème Partie

DUO

AVEC QUELQUES POETES, LOCAUX, NATIONAUX ET INTERNATIONAUX

(Tous ressemblons nos voix pour chanter haut la paix)

22. UNE AURORE DE PAIX…

GERVAIS T.

Sur l'azur nuageux nos astres s'assombrissent ;
La guerre nous domine au centre du trépas.
Nos étoiles du ciel sur un point s'obscurcissent.
Le massacre est chez nous, devenu un repas.

Nous sommes massacrés par toute sorte d'armes.
Violées sont nos mamans, kidnappés sont nos vieux
Nos nocturnes bruits et nos tristes alarmes,
Ne sont plus entendus par nos sages aïeux.

Gouvernés par le vice et la guerre infernale ;
Nous devenons souffrants, orphelins sans vouloir.
Le massacre a éteint notre lumière astrale.
Pourquoi c'est à Beni qu'on tue matin et soir.

Les douleurs infinies sur nos corps se consacrent.
Nos âmes sont brulées par les infernaux feux.
Nous avons l'impression que ceux qui nous massacrent,
Sont nos grands dirigeants ? Nous mourons deux à deux.

La terre de Beni est devenue sanglante,
Car Beni ne se noie que dans le flot du sang
Ici et là partout le massacre se chante ;
Et la population ne danse qu'en pleurant.

On sait que l'au-delà est la place des âmes.
Mais nous le vivons puis, nous en sommes tués.
Ce n'est que le pécheur qui a le droit des flammes
De l'enfer. Mais c'est nous qui y sommes brulés.

Antonio jusques quand la vie nous sera âcre ?
Jusques quand dans nos corps resteront dans mort ?
Antonio jusques quand vivrons-nous le massacre ?
Jusques quand le trépas, brillera notre sort.

ANTONIO M.

Je vois le sang humain comme l'eau de la Loire,
Qui fuse sans arrêt sur le sol de Beni,
Mais semblable à ce feu qui consume l'histoire.
Dans les cœurs asservis et dans mon pauvre esprit.

Gervais quand je revois ces âmes qui trépassent,
Je vois les larmes eh ! Qui coulent dans mes yeux.
Et le sang des humains que ces malfrats déplacent,
Dans l'abîme sans nom, me fait penser aux cieux.

A Beni il n'y a plus de petits jours de brise ;
Le jour comme la nuit, le soleil est glacé.
L'aurore est sans beauté, le matin est sans brise.
On nous tue sans remords, où va l'humanité ?

Le sort en a ainsi ordonné notre monde.
Pourquoi toujours Beni ? Pourquoi toujours chez nous ?

Le carnage domine et laisse couler l'onde.
Il y'a de l'amertume en étant à genoux.

Je fais sonner le glas de la paix nostalgique
Et si quelqu'un m'entend qu'il vienne me sauver
De l'emprise des maux, qui viole mon éthique.
Mon destin est plus dur car je vis sans clarté.

Je me demande aussi jusques à quand ce crime,
Finira dans mon coin, Gervais je ne sais plus
Vivre comme en enfer sans que quelqu'un s'exprime !
Ces abcès me font mal, je suis aussi confus.

Je m'habille la peau de celui qu'on massacre.
Car ces crimes font mal sous le choc de mon corps.
La vie n'est rien pour moi, elle a la saveur âcre ;
Car aujourd'hui je sens l'absence de nos morts.

Gervais je pleure aussi quand on tue mes semblables.
Nous sommes dominés par le sombre trépas.
N'entends-tu pas ce glas des peuples vulnérables ?
Toi qui bois notre sang, quand tous on ne sait pas ;

Ce que tu veux nous faire en brulant la contrée
Jadis peuplée ; mais voit la population,
Vit à la belle étoile en libation versée
Sans culte, sans offrande on brûle ma nation.

Si quelqu'un pleure aussi comme moi dans le monde
Qu'il vienne auprès de moi pour qu'on ait une voix,
Qui criera haut enfin que cet écho féconde
L'oreille de l'impie qui sème l'embarras.

Gervais restons debout, chantons l'hymne des larmes,
Car la révolution ne se prépare pas.
Ensemble nous pouvons briser le son des armes.
Soulevons tous nos mains, bannissons ce trépas.

Année après année semaine après semaine,
Battons-nous pour toujours pour que la paix revienne.
Ensemble nous pouvons rendre notre ciel pur
Beni peut devenir un lieu d'or et d'azur.

Butembo, le 28 novembre 2021 à 18h05

23. MINABLE, TOI CONGO !

ZAMBO ROLAND

Dans le Congo minable on trime sous la peine ;
La mort vient tous les jours, toujours à chaque scène.
A chaque scène on voit le sang couler partout ;
La vie pour nous devient une chose de coût.

Les armes dans leurs mains, voilà une menace ;
Ils arrachent nos vies, Congo tu perds ta face.
Dans le Congo minable on peine sous nos toits ;
A l'est du grand Kivu gazouille le trépas.

Tandis qu'ailleurs voici, voici ce qui se passe :
L'éternelle amitié, une vie pas si basse,
Un amour éternel qui fait leur liberté.
Tandis qu'au grand Congo, le peuple est menacé.

La vie s'en va, Congo, ah ! La guerre est si lente !
La vie s'en va, Kivu comme la mer courante !
Les femmes, les enfants sont trainés dans le sang,
Et les autorités regardent calmement.

Les richesses, les eaux, on les voit toutes belles ;
Pourtant ni les pitiés, ni les aides nouvelles
Ne reviennent jamais dans ce Congo si beau,
Où chante le trépas, où sourit le fléau.

Nos souffrances faut-il que tous on s'en souvienne ?
Nous disons non à la balkanisation veine.
A tout conflit tribal, aux rebellions, aux faix.
Nous voulons le succès et la paix à jamais.

Que s'impose la paix, que sonne l'harmonie
Les jours, les nuits s'en vont ; sauve-toi ma patrie

ANTONIO

Zambo, dans ma contrée c'est là où la vie meurt,
Alors que la mort vit, et on tue nos semblables,
Les égorgeurs sans nom nous calcinent sans peur,
On brule les humains, comme on brule les tables,

Qui subsistera ? Dieu voilà notre question
Pourquoi toujours chez nous on subit le carnage ?
Sommes-nous chez autrui ? Non c'est notre nation.
Pourquoi on nous massacre oh ! Pourquoi vient l'orage ?

Je ne sais pas aussi la source de ces maux,
Zambo nous subissons sans connaître la cause.
Au Nord Kivu la vie reste dans les sanglots.
Quand on cherche la paix on nous donne autre chose…

Butembo, le 23 mars 2019

24. L'AFRIQUE MARGINALISEE

MOHAMEDSANKARA (BURKINA FASO)

A l'horizon la honte se moque de la foi ;
Au centre l'espoir perd sa forte croyance ;
Celle qui faisait un grand roi,
Hélas ! Nous voici sous la dépendance.

Au Burkina là-bas l'intégrité s'en va.
Au Congo de l'autre côté la vie panique ;
En côte d'ivoire la température abat.
O le racisme se présente voilà qu'il pique.

O Afrique des dignes, des signes de paix !
Toi le meilleur, humanisme, ton hardie,
Ont fait de ta race un gradé d'contre-faix,
Mais ton ignorance t'a causé de maladie.

On nous tue on nous égorge sans pitié
Ton peuple subît l'esclavage, le partage !
O les larmes de ces aïeuls t'ont rabaissé !
Leurs luttes vont au-delà de pariage.

ANTONIO

Le cosmos éphémère est notre continent.
Où la vie est sans prix, où la mort nous domine.
Sommes-nous en enfer, sans souffle en survivant…

J'écris mes maux en vers du fond de ma rétine.

Au Burkina Faso, les maux brisent le jour.
Au Congo c'est l'enfer ; l'éther est sans arome.
Congo pays maudit ; ta qualification,
Au niveau mondial. Tu es comme un royaume

Dominé par le sort des hommes du pouvoir.
A Beni la vie meurt, la mort est dominante.
On vit sans espérance ainsi que sans espoir ;
Des armes tous les jours. La mélodie te chante

La liberté, la paix, la convivialité,
L'harmonie, la clarté, et la vie fraternelle.
Quittons dans l'anxiété, cherchons l'égalité ;
Prenons-nous au sérieux pour la gloire éternelle.

Quand nous serons unis, nous formerons un bloc,
Pour défendre l'Afrique et ce qu'elle possède.
L'Europe est un moteur qui nous laisse un grand choc.
Par la révolution, nous aurons un remède.

Butembo, le 02 décembre 2021

25. LE PHENON

SWAN AHADI. Lubumbashi

Je vis dans la peau d'une autre,
Regarde-moi dans les yeux.
Dans la fange, l'âme se vautre,
Dans le corps de cinq crapuleux.

Esprits aux yeux flous sans nacelle
Rasa tout de la tête au sol ;
Dès un cas sans vous ! Au bout d'aile,
L'affreux chagrin au son MI, SOL.

Nous tuâmes malgré, une table
Ronde, carré,... je ne sais pas ;
Il fut du tout le premier diable
Qui déclencha maux et trépas.

Souverain à ses lois, le caprice,
Au pouvoir sanglant et cruel ?
Son cœur était plein d'avarice,
Malgré unis dans un cartel,

Un pour tout et sans monopole
De parler, d'agir contre son
Autocratie sans auréole,
Tout citoyen prit de frisson.

Abominable dans nos têtes
Repend un faix luxe géant ;
Qui non ivre de ses conquêtes
Mais alors quand il fut enfant,

Ce jour réalise ses rêves
Dans les tours si loin de sa cour.
Le voilà, amena des glaives
L'ignorant lui bat le tambour.

Hé ! Nous voici nous mourrons comme
Des esclaves dans un pays,
Vraiment malade et dichotome ;
L'un enfer, l'autre au paradis.

Là-bas au coin l'on voit l'aurore,
Là à coté on vit l'aigreur ;
Au centre on crie, on rit encore,
Mais à l'est un chant de douleur,

Dieu sans toi on ne peut rien faire,
On est nouveau à genoux,
Nous te supplions aussitôt père
Préserve-nous des loups-garous.

ANTONIO

SWAN la mélancolie
Nous fait souffrir à l'est.

Notre contrée sans vie,
Glacée à l'Everest.

C'est qui est difficile,
On déplore surtout,
Ce qui se vit en ville,
L'homme est devenu loup,

Pour tuer son semblable.
O ! Quelle aberration ?
Oh Beni est coupable,
Jeter dans son bastion.

Ici on tue les nôtres,
O ! Swan au jour le jour,
Esclaves et apôtres
On les tue sans amour.

Nous vivons dans la crise
Inconnue sans remord,
Nous sommes dans l'emprise,
Où l'on vit pour la mort.

Prier pour nous poète
Pour qu'un jour à Beni
Pour la paix, tous on fête,
Car le jour et la nuit,

Beni est sans aurore.

Beni subit le joug.

Beni ta mort déclore,

Ta vie n'a plus de gout.

Butembo, le 03 décembre 2021

26. CRIS D'UN RESCAPE

MOISE V

Par ici, par-là ! Partout à l'est,
Des cadavres sans tête.
Eventrés sans pitié. O père céleste
Agis pour nous car le malheur nous enferme.

Les coups de balles comme une alarme matinale,
Nulle part où fuir, on ne fait que souffrir.
La mélancolie est la coupe vespérale,
Amèrement s'en prend on ne fait que mourir.

Les cris des victimes couvrent les nuits
La lune s'assombrit s'absente la lumière
La douleur nous hante jusqu'à l'esprit,
Puisque là qu'on vit c'est comme au cimetière

Le sang des innocents au jour le jour ruisselle
Le soleil n'atteint plus la ville de Benin,
Nous sommes orphelins

ANTONIO

La vie m'est trop amère et m'offre un autre gout
Qui sent comme la mort vicieuse.
Je sens en moi le sort d'un cri pour le Kivu
        Qui perd sa lumière précieuse.

27. LETTRE A MES HEROS

J'écris à mes héros.
Qu'ils réveillent Homère,
Afin que tous mes mots
Servent comme lumière ;

Pour réfléchir mes vers,
Mes strophes et ma rime ;
Afin que l'univers
Dans son art il m'exprime.

Ma plume veut mourir
Dansla sombre paresse !
Dès lors je dois tenir,
Pour l'aiguiser sans cesse.

Mapson enseigne moi
Comment trouver la rime…
Je m'arrête par là
Sans atteindre la cime !

William veux-tu aussi
Que j'arrête d'écrire ?
Veux-tu que cet esprit,
Que tu aimes respire ?

Non Jeff viens me souffler
L'art de rester poète ;

Ce que j'ai demandé
Depuis belle lurette.

Je songe à mon destin,
Mais la flemme m'accable.
J'aime ! Et que mon chemin
Demeure ineffaçable.

Venez Florentinius
Dieu merci, Lamartine
Pour que j'aie ce bonus
En ma pauvre rétine,

Afin de demeurer
Poète de la Gloire ;
Pour que dans la clarté
J'écrive mon histoire.

J'informe mes héros,
Que moi je recommence,
Afin que mes échos
Leur apportent la chance.

L'aigle doit revenir
Pour redorer ma plume ;
Pour que mon avenir,
Devant moi se rallume.

Je veux savoir le son
De la vraie cornemuse…
Pour que j'aie la raison,
Phébus m'envoi sa muse.

La beauté de mes vers
Arrose le Parnasse.
Ma plume et l'univers,
Me redonnent la grâce.

28. CONFLIT DU SIECLE.

DUO AVEC FLORENTIN DE RONSARD Goma

ANTONIO

Florentin je te dis d'abandonner les muses.
Nous sommes dans le monde où l'amertume est bien,
La domination. Mais pourquoi tu refuses ?
Avance vers ma Gloire, unis ton cœur au mien.

Donne place à ta plume et non l'inspiratrice.
Car notre raison d'être est de former l'humain.
La muse peut laisser en toi la cicatrice.
Donne place à tes vers et non à un piétin.

FLORENTIN

La muse est un moteur principal d'un poète ;
La muse est mêmement cette inspiration,
Qui ranime plus mieux chaque fois musette.
Antonio, la muse éclaire chaque fond.

Elle reste au sommet de notre poésie !
Même Hugo Victor et d'autres troubadours,
Ecrivaient leurs puissants vers de mélancolie,
De la romance, … grâce à la muse toujours.

ANTONIO

La vie est une rose et la muse une épine.
Si tu veux vivre heureux en changeant ton destin,
Si tu veux qu'un jour X ton talent se dessine,
Abandonne la muse et suis un bon chemin.

FLORENTIN

La muse est une étoile ardente qui scintille.
L'abandonner en vrai, c'est se faire enfoncer,
Dans l'obscurité pire où la vie est d'andouille ;
Sans la muse périsse en vrai l'humanité.

29. LE FILS ORPHELIN

FLORENTIN

Je n’ai ni sœur, ni frère ;
Je suis un orphelin ;
Un fils de la misère ?
Un fils du grand chagrin.

Je gémis et je pleure
Dans la boue. Oh je suis
Un pauvre sans demeure !
Pleurant toutes les nuits

Dans la rue. La famille
De mon père m’a hélas !
Délaissée, je vacille
Comme une âme au trépas.

Qui pourrait-il au moins m’écouter dans ce pire ?
Qui pourrait-il au moins même en vrai m’y sauver ?
Qui pourrait-il au-moins me ramener sourire
Encore ? Car le monde au fait m’a délaissé.

Je vis comme un vivant maudit par la nature ;
Un fils du grand démon, survivant dans l’obscur !
Je vis comme un vivant ne sachant sa future
Vie ; car mon univers a perdu son azur.

ANTONIO

Je vis comme un enfant qui ne pouvait pas naître ;
La vie pèse sur moi, le trépas est mon or.
Pourquoi suis-je vivant ? Or je peux disparaitre
Pour mieux finir ma vie car en vivant suis mort.

30. CONFLIT DU SIECLE III

Jeff, crois-tu que ta muse,
T'offre l'inspiration ?
Devant Dieu je t'accuse
Car tu n'as pas raison.

Que de croire à tes choses,
Crois plutôt à tes vers.
Qui te cueillent les roses,
Cachées dans l'univers.

Ne va pas sur la rime,
Avec de prétentions.
Laisse qu'elle s'exprime,
Devant tes opinions.

J'ai confiance à moi-même.
Le jour où tu sauras,
Qu'on écrit un poème,
Sans muse ; c'est un pas

Vers le ciel de poètes.
Si tu veux vivre heureux,
Vise d'abord les faîtes,
Où se cachent nos cœurs.

Un poète sans muse,
Demeure le puissant.

Viens Barrow, je t'excuse :
Tu parlais mal souvent,

Sans connaître, d'avance
De la muséité.
Le poète a la chance
D'être appelé BONTE,

31. JE PRENDS L'ARME

PASCAL DE NERVAL Butembo

Rien n'est caché aux grands Etats du monde,
Qui brisent nos vies en versant nos sangs ;
Dans ce crime ayant la douleur profonde,
Je prends l'arme pour chasser les assaillants.

Au jour le jour, la pire mélancolie
Se reprend dans tout mon pauvre univers.
En rendant nos cœurs dans l'ignominie,
En le rendant ainsi que des pervers.

Adieu mes amis, je change la vie,
Je prends l'arme. Adieu ma poésie.

Ouf ! Traînant sous le froid de l'insomnie,
Je le jure souffrir innocemment !
Je prends l'arme adieu ma poésie,
Dès lors je m'engage par ce serment.

Adieu ma famille, adieu ma femme ;
Je monte à la cime de l'horizon,
Pour mener une bataille sans flemme,
Ah ! Tel l'a fait Hercule, et Napoléon.

Adieu mes amis, je change la vie,
Je prends l'arme. Adieu ma poésie.

O ma famille meurt innocemment
Dans l'illusion et le sermon pire.
Le grand désastre a gobé le béant
De mon air par la bouche d'un vampire.

Mon âme est blessée et mon pauvre cœur…
En observant cette grande souffrance,
Cette horreur aussi, cet impur malheur.
En vrai je fais rêver que la vengeance.

Adieu mes amis, je change la vie,
Je prends l'arme. Adieu ma poésie.

Ils ont volé notre or et notre coltan
Dans la profondeur des vallées des mines.
Et ils ont ravagé notre champ,
En occupant nos petites collines.

Je m'en vais vers l'armée pour libérer
Ma région par le rouge goute,
En étant comme un Héros, je vais verser
Dans le champ du combat au fait sans doute.

Ah ! Me voici descende à Beni
Où persiste sans doute le grand crime.
Ensemble chassons ce grand ennemi
Qui n'a point d'esprit magnanime.

Adieu mes amis, je change la vie,

Je prends l'arme. Adieu ma poésie.

ANTONIO M.

C'est d'une décision qu'on acquiert une gloire.
Adieu ami vas t'en, cherche ta vraie passion.
L'amour de la patrie, t'écrira une histoire.
Comme un serpent de feu, vas sauver ta nation.

Prendre l'arme est un pas vers le nouveau rivage.
Le soleil va porter le jour en ton parcours.
A cette heure où du jour le bruit et rage
Brisent notre contrée, en tuant tous les jours.

Et moi comme écrivain j'encourage cet acte,
Car tu as le désir de mourir pour les tiens ;
Tu acceptes signer avec Dieu un lourd pacte.
La ferveur est en toi ; tu as tous les moyens.

Tu acceptes d'aller sauver ces phénomènes.
Que le seigneur d'amour t'accorde ce pouvoir,
De brûler jusqu'au bout, les chars de ces noumènes
Qui sèment la terreur, en brisant notre espoir.

Ami,va-t'en ami, va-t'en pour prendre l'arme,
Afin de revenir comme un guerrier vaillant,
Qui viendra essuyer sur ma joue cette larme
De sang qui coule ah ! Mais ! Personne n'entend,

L'alarme de ma mort qui sonne après chaque heure.
Deux frères comme vous, peuvent sauver Beni
Ma patrie d'aujourd'hui ! Sa conduite m'écœure,
Je loue ta destinée ; va-t'en force d'esprit.

Que cette décision qui anime ton âme
T'accompagne partout où tu iras ami.
Machiavel est ton guide, il rallume ta flamme.
Hitler et Mattheus te forgent en esprit.

Butembo, le 23novembre2021

32. SPLEEN EN DUO

GRACIEN M.

Malheur ! Malheur ! Malheur ! Que me veux-tu malheur ?
Je ne suis qu'un enfant, mais pourquoi tu demeures
En moi ? La nuit, le jour, je ne suis qu'un pleureur.
Car tu prends mon bonheur et ma vie dans les heures…

Je veux tourner la page en restant loin de toi.
Mais tu retiens mes pas dans tes méchantes serres.
Je veux rester moi seul, respirant cet air coi,
Où mes parents rient et rabaissent tous mes frères.

Mais vois où tu me mets ; dans l'abîme, lésant
Ma joie, ma foi, mon rire et mes pensées brillantes.
Quand je veux avancer, mon cœur en te baissant ;
Perd l'humeur agréable et son souffle qui chante,

Je ne sais tes projets pour moi, je suis confus !
Tu voles ma famille imposant ton malaise.
Très faible je succombe à ton laid animus,
Qui remonte le flot de mon sang sans ascèse.

Je suis même parmi les pauvres orphelins.
Mes parents sont en vie mais pas dans mon rivage.
Ils ne sont pas tout près, ils n'ont point des chemins.
Amertume et torture éraflent mon visage.

Je suis désespéré, je ne sais plus chez moi ;
Je ne sais où trouver la paix dans l'entourage.
Je ne sais où jeter ma peine ; cet émoi.
Noir sombre et très peureux, nourrit par vil outrage.

ANTONIO M.

Le monde est dominé par le fracas des cieux,
Sa splendeur est trahie par les hommes vicieux

J'ai le spleen compliqué de la mélancolie.
Je vis là où la mort domine l'air, l'azur.
Là où on ne veut plus écouter le mot vie,
Les fantômes y sont pour briser le futur.

La vie de ma contrée étincelle dans l'ombre,
Ses chemins sont déserts, ses divers horizons,
S'arrêtent dans le noir, où le soleil est sombre.
Les larmes exhumées engouffrent ses raisons.

L'haleine de la nuit devenu amertume.
Cette contrée palpite on la brise parfois,
En versant sur son sol un feu qui la consume.
Beni est dans l'obscur sa chaumière est sans voix.

La tristesse absolue couvre mon existence.
Suis-je encore vivant ou mourant ô mon Dieu,
Pourquoi rester en vie quand ma plume romance,

La légende sans nom annulée dans ce lieu.

On vit en étant mort, expirant sur la rive
On dirait, en voyant ce peuple sans échos
Dans la complicité du mal qui lui arrive.
Il est l'unique auteur, victime sans repos.

Mon âme est fatiguée, je n'aime plus la vie,
Pour que j'aie un repos, je préfère mourir
Car je suis fatigué d'Etre sans harmonie,
Je vais dans l'océan où tout va s'engloutir.

Le monde est assoupi sous un pouvoir mythique,
Prométhée, Héraclès, Cronos, et tous les dieux ;
Saturne et Jupiter nous laissent l'air magique.
On ne résiste plus car tous on a peur d'eux.

Le monde est dominé par le fracas des cieux,
Sa splendeur est trahie par les hommes vicieux.

Butembo, le 27novembre 2021 à 23h27

33. NOUS VOULONS LA PAIX

Sr GLOIRE K

Jésus-Christ seul sauveur
Viens sauver ce monde de désespoir.
En effaçant en nous la peur,
De proclamer sans cesse la Gloire.

Eh bien chers frères et sœurs
Que sublime fortune
Emplisse de paix nos cœurs
Et toutes nos vies chacune.

De joie, vous donne la foi
Viser à bien nous connaitre,
Et une divine loi,
Oui ne pas vouloir paraître

Car pour être heureux
C'est grandir d'esprit et d'âge
Tout pour soi devient glorieux
Il est bon d'être sage

Oh Dieu sublime bonheur
Vie parfaite et éternelle.
Oui j'ai soif de ta splendeur
Ta Jérusalem nouvelle

Où sommes-nous arrivés
Egorgés comme de bêtes
Fatigués d'être éprouvé ;
Nous sommes troublés dans nos têtes.

Nous devons crier très fort
Que le Seigneur nous vienne en aide
Lui seul notre réconfort

Oh Seigneur dieu regarde.

Seul l'amour nous donne le poids
La croix sans amour est une torture,
Seul l'amour fait de nous des rois
Revenons en notre culture.

Tous nos parents sont morts oh Dieu
Nous crions fort notre vive détresse ;
Enfants et vieux sont coupés en ce lieu
Toute cette souffrance nous apporte la tristesse.

Confions-nous au Seigneur
Mettons-nous à sa suite,
Lui seul se bonheur ;
Poursuivons la conduite.

ANTONIO

En t'écoutant parler,
Je fais couler des larmes,
Moi qui suis sans clarté,
Car les bruits des armes

Deviennent mes chansons,
En bouchant mon oreille.
Ont des sorts sans pareille…
Comme les horizons.

33. ELOGIO PAPA

PATIENT M.

Serai-je aussi au rang de nourrir ma famille !
Comme le fait papa, matin, midi et soir.
Il s'en va travailler partout ; il se débrouille,
Pour que j'aie à manger même s'il peut pleuvoir.

Papa se lève tôt lorsque le grand coq chante.
Il est vaillant guerrier, protégeant l'avenir.
Il n'est pas le plus riche, il est l'arme puissante,
Qui protège ma vie, mon soin, mon devenir.

Papa risque sa vie chaque temps qui se passe,
En travaillant trop dur sans un petit repos.
Papa est bien zélé : je n'ai aucune angoisse.
Quand je suis près de lui, il tient à ses propos.

Papa fait trop d'efforts pour tenir ses promesses,
A ses filles et fils, sans un moindre tourment ;
Surement, et maman survit grâce aux prouesses…
Papa tu es l'image et le miroir de Dieu.

ANTONIO

Etant reconnaissant ; j'admire les prouesses,
Le zèle de papa à l'égard de ses fils.
Son âme est trop blessée et remplit des faiblesses,
Il voit dieu en son fils, le prenant comme un lis.

Si je dors à minuit, lui va jusqu'à l'aurore ;
En pensant son passé, son présent, son futur.
Je fais ce que je veux lui réfléchit encore…
Son pauvre corps tordu, en travaillant trop dur.

J'admire son ardeur, son amour pragmatique.
Etant fils de la Gloire, enfant de la nation,
Je viens auprès de lui comme espoir de l'Afrique.
Apprends-moi ô papa à percer l'horizon.

Apprends-moi ô papa comment on fait fortune ;
Comment on peut changer cet Etat infernal,
(Comme tous les azurs sont noircis de rancune)
En un monde où l'action n'est pas la sœur du mal.

Butembo, le 15 octobre 2021 à 15h40

34. NUIT NOIRE

Nuit noire heure où le diable a pénétré la ville ;
Les hommes vigilants lui ont donné l'accès.
Comme la voie est libre ile entre avec succès ;
Il circule partout, on le laisse tranquille.

Nuit sombre sans espoir, nuit vicieuse et futile,
Tu ne nous a rien dit, or le diable est tout près.
Nous souffrîmes avant ; voilà un autre abcès,
Qui rend nous malheureux ; toi tu l'as vu utile.

Nuit obscure et morose arrête tes délits.
Car ce qu'on a vécu motive nos esprits
A la révolution pour chasser sur nos terres

Les étrangers qui ont presque les nez pointus.
Prépare les cercueils et même les civières
Car nous allons bruler ces ‘‘ hommes inconnus’’

Bulengera le 14/08/2022 à 01h38'

3ème Partie

POEMES EPISTOLAIRES

(L'homme laisse, en aimant, un souvenir heureux)

35. LA PLUME D'UN MAITRE

Quand le grand prend sa plume il écrit, il rature ;
Il étanche sa soif pour dorer l'univers.
Il décrit, il transcrit son nom dans la nature.
Sa plume allume un feu qui brilles dans ses vers.

Quand le rêveur s'exprime il choisit bien la rime ;
Il retrace le crime et dénonce les maux
Qui écœurent l'humain, afin que Dieu supprime,
Du monde des vivants le temps les temps noirs, les sanglots.

Le grand prend l'encrier et le cahier pour lire
Les poètes puissants existant avant lui.
Il lit le romantisme afin de bien écrire
Ses poèmes fameux cachés dans son esprit.

Avec sa lyre à main il parle, il chante, il danse.
Il veut être une fois une idole des mots.
Le temps passe sa vie est toujours ce qu'on pense…
Au jour le jour on voit qu'il change des niveaux.

Quand il écrit ses vers, sa plume est trop sévère.
Il éclaire la terre en lui donnant espoir
De voir un grand pouvoir dans le noir sans lumière.
Ainsi affirmons-nous : « son livre est un miroir »

Les petits ont le droit de s'inspirer du maitre.
Lui aussi à son tour initie les nouveaux…

Car lui en son essence il écrit comme un être

Transcendant. L'écrivain peut rendre nos jours beaux.

36. BISCUIT ALPHABET

C'est lui mon bien-aimé, l'espoir de tous les jours ;
L'alphabet de biscuit secourt de la vraie vie,
A toi j'ai mon secret afin que mon parcours
Annonce un témoignage et dresse l'harmonie.

Les temps sont arrivés où tu seras partout
Réputé comme un feu qui fait fuser la flamme
Dans notre société ; ô toi le meilleur goût.
En te prenant biscuit tu refranchis mon âme.

Partout on te néglige ô biscuit alphabet ;
Maudit soit celui qui te prend comme l'ivraie
Pour finir ma journée, je prends plus d'un sachet.
Le monde est sombre eh bien il doit guérir sa plaie.

C'est toi que j'ai choisi parmi tous les biscuits.
Car avec mes amis nous chassons la misère
Pour amener l'humain vers ta douce lumière
Vers ta douceur biscuit qui touche les esprits...

Mon ami alphabet fais-moi voir ta figure ;
Je prends de B à T, je n'atteins jamais Z...
Ton prix est bien réduit le monde est en mesure
De s'en procurer oui comme faisait le VRED.

Quand je prends A et B je vois C qui rédige
Un nom sur un papier de celui qui néglige

Ta douceur o biscuit ; tout humain veut te voir ;
Précipitons l'achat avant qu'il ne soit tard.

Si tu veux tout savoir, si tu veux tout connaître
L'alphabet de biscuit est là pour ta santé.
Si tu veux confirmer le meilleur goût peut-être
Mange plus d'un sachet je t'offre ce secret.

Ne mange pas toi seul mangez tous en famille,
Papa maman et vous enfants (garçon et fille)
Pour profiter l'ardeur cachée dans ce biscuit
Qui domine le monde et surtout son esprit...

Tous les pays du monde auront ce grand courage
D'acheter ce biscuit piquant et stimulant.
Le secret est dedans ; le secret d'être sage.
Sa douceur est la voie de devenir fervent.

S'il s'agissait d'offrir le goût qui nous délivre
Le biscuit alphabet est là pour ta santé
Manger de A à Z est ce que l'on doit suivre
[Amis prenez, mangez enivrez-vous d'amour]

Je vous dis seulement d'avoir ce grand courage
De manger ce biscuit avec conviction.
Prenez mangez prenez votre consolation
Faites cet exercice et vous resterez sage.

Les choses vont très bien aujourd’hui, aujourd’hui !

Douceur A B C D ô alphabet biscuit ;

Le goût et l’énergie, la force s’épanouie.

De la bouche à l’œsophage et la proie s’évanouie.

Butembo, le 06 octobre 2018 à 13h20

37. A ENOCIANTE KWELIKWELI

Etre un jour poétesse est bien ta destinée.
Ta voix d'ange d'esprit est un meilleur départ
Qui mène vers la cime et vers la pure année ;
Pour écrire une histoire au grand rayon d'espoir.

Cette étoile qui brille au fin fond de ton âme
Vient m'accorder l'amour la joie et le bonheur
Je dois les conserver pour notre bien ô femme ;
Peu importe mon rang, je te laisse mon cœur.

Brillante est votre vie pour éclairer ma plume.
En pensant à toi j'ai un autre monde ouvert.
Pour mon destin tu es le soleil qui s'allume,
Pour retirer mon cœur de l'enfer, du désert...

Tendre tu peux venir, la poésie t'appelle.
Viens vite le bonheur est caché dans cet art.
Viens dans la joie sans fin, dans la gloire éternelle.
Car ton talent tranchant a percé l'air du soir.

Je te jette mes fleurs et je t'ouvre la porte
Viens entrer par ici, ta place est déjà là...

38. NOEL AU BOSQUET INITIATIQUE

Le temps est arrivé pour le messie de naître,
Gloire à toi dans le temps et pour l'éternité ;
Toi dont l'immensité a fait de toi un maître ;
Nous t'accueillons Jésus, suprême volonté.

Aujourd'hui au bosquet une étoile est visible,
Noel, noël, noël ! Ce cantique nouveau.
Est aujourd'hui chez nous ce cantique est audible,
« Gloria, gloria in excelsis deo »

Les mages d'orients sont présents dans la crèche :
Ils adorent le Christ rédempteur de l'humain.

39. EPIMELEIA HEAUTOU

Prends soucis de toi-même
Et de ce que tu as ;
Car ta gloire est suprême.
Quand tu t'évalueras,

Tu diras à ton âme,
« Toi d'abord qui es-tu ?
Où vas-tu quand la flemme,
Me mène à l'inconnu ?

L'endroit où la lumière
Eclaire sans rayon ;
L'endroit où l'ombre éclaire
La sophos, la raison »

Vivre comme un sophiste,
Ou comme un troubadour !
Cette vie est sans piste,
Car tout est sans amour.

« L'existence précède
Le sens » nous connaissons.
Le mal a pour remède
Ce que nous ignorons.

Réveillons-nous poètes
Et prenons notre envol.

Allons toucher les faîtes,

Ne restons pas au sol.

Butembo, le 05décembre2021 à 12h40

40. LETTRE A LEIRA BENEDICTE

Si l'homme est responsable ;
La femme a le devoir…
Dans la nature stable,
D'expliquer son savoir.

Parmi tant de sublime
Leira est aussi,
La cible de ma rime,
L'étoile de la nuit.

Tu as choisi pour naître,
Le premier jour du mois.
Tu veux assez connaître,
La douceur de ta voix ;

Amante des louanges,
Pour louer le Seigneur.
Approche-toi des anges,
Qui gardent ton bonheur.

Ces êtres qui t'éloignent
Loin de dieux incléments.
Si tu veux qu'ils témoignent,
En t'offrant leurs talents !

Jeune âme chante, espère ;
Ton destin est fameux.

Tu es cette lumière,
Qui luit dans l'air vicieux.

La vie est un poème
Ecrit par cinq auteurs.
Le premier est suprême ;
Les derniers ont des cœurs

Qui supportent les vices,
Pour transmettre au premier,
Comme les sacrifices
Un rapport régulier.

Toi tu es la première
Parmi les autres là,
Qui prennent ta lumière
Pour éclairer leur toit.

Je viens près de toi rose
Pour te laisser ma fleur.
J'écris à vers à prose ;
C'est ce que veut mon cœur.

Butembo, le 14 septembre2021 à 16h

41. LES FLEURS DU MAL

Comme le fleuve envoie ses eaux vers l'océan.
La fleur donne à l'humain le parfait goût de vivre.
Quand le soleil s'allume on voit l'aube qui livre
Au monde ses lueurs. Et le vivant attend,

Le bonheur qui lui est une finalité.
Il ne fait que chercher, la nuit et la journée,
Une paisible vie ou la joie est cachée
Dans le jardin du mal reflétant la beauté.

Pour atteindre le but, l'envers garde des roses
On s'arrête en chemin sans comprendre les choses.
Des beautés et des fleurs, qui dorent l'univers.

On peut trouver des fleurs ; celles qui mobilisent
Et pourtant dans le mal, dans l'abime aux enfers
La ferveur des humains que les vrais utilisent.

41. PRIERE POUR LES FINALISTES

Dieu d'amour Dieu de joie on sait que tu existes ;
Toi qui donnas la manne à ton peuple au désert.
Pour porter l'uniforme on a beaucoup souffert,
Il est meilleur ce temps pour nous les finalistes

D'abandonner l'horreur de ces jours pessimistes.
Nous voulons réussir et laisser cet enfer
Scolaire en son abîme ayant un mauvais air.
Ecoute la prière ô Dieu des optimistes.

Demain c'est le jury de dissertation.
Donne-nous la mémoire ainsi que la raison
Pour dépasser ce sort qui pèse en notre vie.

Que ta bénédiction soit sur nous ô Seigneur
De la terre et du ciel. Notre âme est assouvie
Adieu bleu-blanc adieu, voici notre bonheur.

42. LA CLEF DE LA DECISION

Le monde est un navire affligé qui se noie
Sans atteindre la rive et la destination,
Et tous les voyageurs usent de leur raison ;
Ils nagent pour s'enfuir, c'est ce qui fait la joie.

Face aux maux nous devons laisser notre âme ouverte,
Profitant de cela pour être décisif ;
C'est d'une décision qu'on atteint l'objectif.
Ainsi devons-nous donc faire une découverte

D'un merveilleux destin caché à l'horizon.
La flemme est un poison pour notre décision.
La vraie clef du bonheur se retrouve en nous-mêmes.

On croit ouvertement qu'on peut vivre toujours
A côté des ingrats et même des noumènes…
Notre décision est à prendre tous les jours.

43. NOUVELLE AURORE

Le soleil s'est couché dans la belle soirée.
Demain viendra l'aurore et le zéphyr d'amour.
Quand l'aube annoncera l'alpha de la journée ;
Je me réveillerai pour programmer mon jour.

Ces temps m'ont fort marqué d'un divin caractère ;
Qui m'amène à songer à l'avenir radieux.
Je vois finir mon temps d'espérance sur terre.
J'aime, je fus aimé, c'est assez vicieux.

Je porte sur ma tête une ardente souffrance ;
Bien semblable à ce feu qui consume l'enfer ;
La brillante étincelle active en moi la chance,
De changer mon histoire et purifier mon air.

Maintenant que du deuil, j'ai gardé l'âme obscure,
Je sors de cet abîme et du ciel jaloux.
Je veux être vainqueur, ami de la nature,
Je viens chercher aussi ce bien commun à tous.

Sous les chocs de l'hiver, j'ai vécu dans la tombe ;
Vivre comme un mourant, aux rivages d'Argos.
Dans ce milieu étrange hélas ma larme y tombe.
Je vais lancer mon cri qui monte sur les flots.

Cette année j'ai subi les maux génocidaires,
Je n'avais plus le droit d'user de la raison.

J'ai vu sur mon parcours les ondes des lumières
Je les ai bien nommés, lumières sans nom.

Cette année qui s'achève a eu un air morose ;
Qui voulait m'emporter loin de mon objectif.
Je vivais sans zéphyr sans avoir une rose
Il est foutu le temps pour moi d'être passif.

Je regarde l'année qui s'annonce avec joie,
Qui me promet l'amour, le zèle et la ferveur.
Je préfère marcher en suivant cette voie,
Pour atteindre mon ciel couronné de bonheur.

Et sur tous les savoirs que la raison me donne,
Je n'ai rien obtenu au souffle frais du jour ;
J'ai déployé mes mots pour que Dieu les ordonne.
La vie je l'ai chantée, mais sans avoir l'amour.

Voici le temps pour moi de quitter la caverne
Air pur, air éternel, qui fait respirer tous,
Souffle-moi ton zéphyr et fais qu'il me gouverne.
L'aurore et tes rayons, sachez, je crois à vous.

L'année impure 2020 Le 20 décembre 2020 à 22h46

44. L’AMOUR AUX AMOUREUX

Feuilles de champs laissez aux amoureux l’amour ;
Ne vous mêlez donc pas, pour briser leur survie.
Printemps, hiver, été accordez-leur la vie ;
Ils ont aussi besoin de revoir un beau jour.

Rayon, zéphyr, azur arrêtez votre tour…
Aimez-vous là au ciel, laissez-les l’harmonie.
L’amour de deux amants est comme une folie.
Homme jaloux, naïf dégage de leur cour.

L’amour est un zéphyr que l’être humain respire ;
Il recrée l’arc-en-ciel et chasse le délire.
Quand on aime on oublie qu’un jour on peut mourir.

Après avoir souffert il faut aimer la muse.
L’amour est un miroir de notre souvenir
Il est souvent chanté avec la cornemuse.

Butembo, le 13 mai 2022 à 00h47

45. L'AURORE DE LA PAIX

Quand la paix reviendra, on vivra comme frère
On n'observera plus le monde des vicieux.
On verra sur nos murs un drapeau victorieux,
Qui ne saignera plus du sang mais de lumière.

La paix est de bientôt ? Croyons car Dieu éclaire
Notre beau continent qui veut revivre mieux
Son histoire jadis éclairée par les cieux.
Notre air sera nouveau et la nouvelle terre.

Nous sera mieux vivable et tous, on restera
Autour d'un feu d'amour, de paix ; on dansera
Au rythme d'un seul pas d'une vraie sérénade.

Quand la paix reviendra à Beni pour toujours,
On écoutera plus le monstre en pétarade.
Nous ne prions que Dieu notre unique secours.

46. ESPERANZA

Quand l'amour finira par dominer le monde,
Quand le grand firmament s'ouvrira pour toujours,
Quand l'horloge insolite aura chaque seconde
Un arrêt haletant pour consumer les jours ;
On viendra de partout avec chacun sa règle,
Voulant changer l'osmose où les esprits radieux
Ont souffert pour avoir un jour l'ardeur de l'aigle.
Tous ces vautours diront : les monstres sont des dieux.

Le vent emportera même le mur en brique.
Les crapules auront leur ascendant Chémos.
Le dragon à son tour dominera l'Afrique ;
Même les eaux du stix noieront notre cosmos.
Les villes, les maisons tomberont sur les hommes ;
Et les astres voudront redormir sous leurs toits.
Peut-être on aura bien plus de quatre royaumes :
Les bêtes des forêts crieront à haute voix…

On verra brusquement un feu puissant qui brule
Ces bêtes qui, jadis, ont trahi l'univers.
Le moment partagé d'un soleil somnambule
Sera bien condamné, perdu dans les déserts.
La légion de cent chars portant deux millions d'hommes
Qui, longtemps ont souffert, marchant au son des cors
Chacun avec sa palme entreront dans les dômes :
Apres un chant funèbre à l'honneur de leurs morts.

Ils ont donné leur sang pour qu'arrive le règne
De l'amour sur la terre. Et ce jour-là la paix
Régnera sur le trône. Et le cosmos qui saigne
Sera pour une fois dans la joie à jamais.
Afin, on chantera les hymnes de victoire ;
L'espérance à la vie aura fini son temps.
On aura réécrit une nouvelle histoire,
Qu'on se murmurera comme au temps du printemps ;

Temps où l'on est heureux de voir l'amour qui rode.
Au nom de quelques-uns qui verront ce beau jour,
Je vous dis : espérez chaque heure est comme une ode
Qui peut être chantée quand régnera l'amour.
Il faut que l'homme rêve et qu'il ait l'espérance
De voir un jour l'amour triompher sous son ciel.
Un jour son illusion constituera sa chance.
La paix envahira son asile eternel.

Nous seront tous heureux de sortir de l'orgie.
En vainquant ces harpies qui volaient notre temps.
Comme pendant le noir émerge le printemps,
Ainsi après la mort va émerger la vie.

REMERCIEMENTS

Nous remercions de prime abord le maitre de temps et de circonstance qui est l'Etre suprême qui nous a accordé le souffle de vie et nous a réservé ce don pour exprimer sa parole en travers nous, poètes humble serviteur du peuple. Nous remercions ensuite nos parents, KAMBALE KAMALA Jacques et KAVIRA SIVAHITIRA Edwige ; ainsi que nos frères et sœurs qui ne cessent de nous encourager dans cette vocation poétique.

Nos gratitudes aux poètes de la PLUME D'OR, du groupe LES CONSTARS. Et du groupe MCH. A notre partenaire proche la MAISON DES ARTIENS. Nous tenons aussi à remercier de façon particulière le Père KAMBALE TSONGO Pacifique aa et les poètes William WANGEVE (Butembo) et Constantin KAGU (Afrique de l'Est qui, en dépit de leurs multiples occupations, nous ont accompagnés pour la réussite de notre publication.

TABLE DES MATIERES

Printed by Books on Demand GmbH, Norderstedt / Germany